충무공 이순신

KB221035

충무공 이순신

초판 1쇄 인쇄 2022년 6월 25일
초판 1쇄 발행 2022년 7월 1일

지은이 편집부
책임편집 하진수
디자인 그별
펴낸이 남기성

펴낸곳 주식회사 자화상
인쇄,제작 데이타링크
출판사등록 신고번호 제 2016-000312호
주소 서울특별시 마포구 월드컵북로 400, 2층 201호
대표전화 (070) 7555-9653
이메일 sung0278@naver.com

ISBN 979-11-91200-60-7 02990

ⓒ자화상 편집부, 2022

파본은 구입하신 서점에서 교환해 드립니다.
이 책은 저작권법에 의하여 보호를 받는 저작물이므로 무단 전재와 복제를 금합니다.

충무공 이순신

자화상

차 례

성웅으로 추앙받는
이순신 장군

이순신(李舜臣, 1545~1598)은 16세기 조선 선조 때의 무신으로 자(어린 시절 이름)는 여해(汝諧)이고, 시호(인물의 사후에 공덕을 칭송하여 붙인 이름)는 충무(忠武)다.

임진왜란 당시 조선 수군을 통솔했던 제독이자 구국 영웅이다. 중앙의 지원 없이 자급자족으로 군을 지휘해 해상에서 천재적인 활약을 펼쳤다. 휘하 장병들에게 원리 원칙을 엄히 따졌으나 넉넉한 처우를 보장했고 전시 중에도 백성을 살펴 생전에도 '공정과 절제를 중시한 인격자'로 존경받았다.

'지덕이 뛰어나 많은 사람이 존경하는 영웅'이라는 뜻의 칭호 '성웅'이 이름 앞에 수사로 붙을 만큼, 세종대왕과 함께 대한민국 국민이 가장 존경하는 위인이다.

전쟁놀이를 좋아하고
글공부를 하던 소년

조선 인종 1년(1545년) 3월 8일 건천동(현 서울 중구 인현동)에서 아버지 이정(李貞), 어머니 초계 변씨(草溪卞氏)의 슬하 사형제 중 셋째로 태어났다.

이정은 자신의 네 아들에게 중국 고대 제왕인 복희伏羲), 제요(帝堯), 제순(帝舜), 제우(帝禹)의 이름자를 붙여 주었다. 두 형은 이희신(李羲臣), 이요신(李堯臣)이고 동생은 이우신(李禹臣)이다. '신(臣)'은 돌림자여서 큰 의미를 부여하기 어려우니 아들들이 성군을 섬긴 훌륭한 신하가 되라는 바람을 담아 이름자를 지었으리라.

이순신은 훗날 영의정을 지내는 유성룡과 어린 시절을 함께 보냈는데, 유성룡이 선조에게 "신의 집은 이순신과 같은 동네였기 때문에 그의 사람됨을 깊이 알고 있다(『선조실록』 선조 30년 1월 27일)."라고 아뢸 정도로 친밀했다.

유성룡은 『징비록』에서 다음과 같이 이순신의 어린 시절을 회고한다.

"이순신은 어린 시절 영특하고 활달했다. 다른 아이들과 모여 놀 때면 나무를 깎아 화살을 만들어 동리에서 전쟁놀이를 했다. 마음에 거슬리는 사람이 있으면 그 눈을 쏘려고 해 어른들도 그를 꺼려 감히 군문(軍門) 앞을 지나려고 하지 않았다. 자라면서 활을 잘 쏘았으며 무과에 급제해 관직에 나아가려고 했다. 말타기와 활쏘기를 잘했으며 글씨를 잘 썼다."

'마음에 거슬리는 사람은 그 눈을 쏘려고 했다'라는 대목을 보면 무인의 기개가 지나치다 싶을 정도로 넘쳤던 듯하다.

이순신은 어릴 때부터 무인의 자질을 보였지만 10세부터 문과 응시를 준비했다. 혼인하기 전까지 문학을 수업한 것이니 10년 정도 공부한 셈이다. 무장으로는 드물게 《난중일기》와 여러 시(詩)를 남긴 데에는 어릴 적 학업의 영향이 크지 않았을까 싶다.

이순신 생가터 표지석

이순신과 유성룡

이순신은 서울에서 태어나 어린 시절을 보냈는데, 그때 자신의 일생에 중요한 영향을 끼칠 인물을 만난다. 유성룡(柳成龍, 1542~1607)은 조선 선조 때의 재상으로 이순신과 어린 시절부터 알고 지냈다. 두 사람은 각각 문무에서 결정적인 공로를 세워, 임진왜란이라는 국난에서 조선을 구원한다. 훗날 유성룡은 이순신을 적극 천거하고 옹호했는데, 영의정의 혜안이 아닐 수 없다.

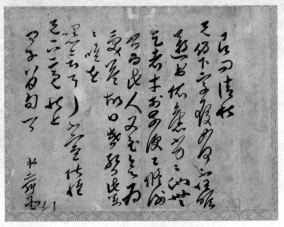

근역서휘

©공공누리

근역서휘

충무공 이순신 장군이 20세 때 형에게 쓴 편지다.

即問淸秋 兄侍下 字履如何 不任瞻遡 弟 依
舊劣劣 他無足(言)者 才於前便 使修謝書 而
此人又至 欲爲受答 故日昏暫此 萬萬唯在嘿
會耳 不宣 伏惟兄下亮狀上 甲子 八月 旬一
日 弟 舜臣頓

곧 묻건대 맑은 가을에 형께서 아래 백성을 사랑하시는
몸이 어떠십니까? 그리움을 견디지 못하겠습니다. 나
는 옛날과 같이 그럭저럭 보내니 다른 것은 족히 말할
것이 없습니다. 겨우 전편에 문득 답장을 썼으나 이 사
람이 또 이르러서 답장을 받으려고 했습니다. 그러므로
날이 어두워 잠시 이것을 썼습니다. 여러 가지는 오직
조용히 깨달을 뿐입니다. 나머지는 다 아뢰지 못합니다.
엎드려 혜량하시기 바라며 편지를 올립니다.

                          - 갑자년 8월 11일 동생 순신 드림

난중일기

이순신이 1592년 1월 1일부터 전사하기 이틀 전인 1598년 11월 17일까지 2,539일간 쓴 일기다. 초고본 8권 중 7권이 충남 현충사에 비치되어 있고 1962년 국보 제76호로 지정되었으며 2013년 유네스코 세계기록유산에 등재되었다.

원래 이순신이 쓴 초본의 제목은 임진일기, 을미일기 등 해당 년도로 붙여져 있었다. '난중일기'라는 제목은 '전란 중에 쓴 일기'라는 뜻으로 이순신 사후 200년이 지나 정조(조선 제22대 왕)가 『이충무공전서』를 편집할 때 수록하며 붙여진 이름이다.

난중일기 초
©공공누리

1953년 설의식이 편역하고 이충무공기념사업회에서 편찬한 이순신 전기다.
크게 권수, 난중일기, 막하장열전으로 구성되어 있다.

무과 급제와
첫 번째 백의종군

　서울에서 어린 시절을 보내다 살림이 어려워 외가가 있는 충청남도 아산으로 이사했다. 1965년 8월, 20세에 보성군수를 지낸 방진(方震)의 딸과 혼인하였고 3남 1녀를 두었다.

　이순신의 장인 방진은 무관출신으로 보성군수를 역임한 후 은퇴하여 향리에서 노후를 보내고 있었는데, 상당한 재력가에 호방한 성격의 인물이었다. 그는 이순신의 품성과 자질을 높게 평가하여 무남독녀 외동딸과의 혼사를 추진했을 뿐 아니라 무관직을 적극 권유했다.

　조선 시대에 무인의 대접은 문인에 비해 상대적으로 낮았기 때문에 몰락한 가문을 일으켜 세우기 위해서는 문인의 소양이 더 필요했다. 그래서 이순신은 타고난 무인의 자질에도 유학(儒學)을 공부할 수밖에 없었다. 혼인한

후에야 장인의 지원을 받아 본격적으로 무예를 배운다.

이순신이 무예를 닦던 장소는 그가 사는 집 뒤에 위치한 방화산(芳華山)이나 집 앞의 나지막한 야산이었다고 한다. 활쏘기는 집 앞 나무 아래에서 야산을 향해 쏘았고, 말타기는 방화산 꼭대기의 평평한 장소를 중심으로 주위 능선을 달렸다. 현재 충남 아산에는 그가 무예를 익히던 곳에 '궁터(활 쏘던 곳)', '치마장(말 타던 곳)'이라는 표지판이 세워져 있다.

무예를 연마한 지 7년째, 이순신은 28세에 되던 해인 1572년 8월에 처음으로 훈련원에서 주관하는 별과에 응시했으나 낙방한다.

말을 타고 달리며 활을 쏘는 기사(騎射) 과목을 보던 중 말에서 떨어지는 실수를 범했던 것이다. 비록 낙방했으나 말에서 떨어진 이순신이 버드나무 가지를 꺾어 껍질을 벗겨 상처를 묶고 끝까지 시험을 완수하는 모습은 지켜보던 사람들에게 깊은 인상을 남겼다.

4년 후(1576년) 다시 시험을 치른 그는 무과에 급제한다. 참고로 무과는 처음 치렀던 별과와는 다른 시험으로, 3년마다 한 번 시행하는 시험이었다. 지역별 1차 시험에 붙으면(전국에서 270명 선발하는데, 충청도 정원은 25명) 서울에서 2차 시험을 치러 270명 중 28명을 뽑는다. 이때

성적은 위부터 갑과(甲科), 을과(乙科), 병과(丙科)로 나뉘었는데, 갑과 3명, 을과 5명, 병과 20명의 등급으로 구분한다. 이순신은 병과 4등(28명 중 12등)으로 종9품을 받았다(갑과는 종6품, 을과는 종7품).

무과에 급제한 이순신이 처음 관리생활을 시작한 곳은 함경도에 있는 삼수(三水)다. 삼수는 조선시대에 귀양지 중 1급에 해당하는 제주도 지역에 버금가는 멀고 험한 벽지였다. 게다가 국경에 근접해서 종종 여진족이 침범하기도 했다. 이순신의 보직은 동구비보의 권관(權管, 최하단위 수비부대의 수장)이었는데, 보(堡, 자그마한 요새)를 설치하고 백성을 보호하는 일종의 수비대장이었다.

당시 함경감사(종2품) 이후백(李後白)은 자신의 관할지역의 여러 진(鎭)을 순행하며 훈련과 군기를 점검하였는데, 이순신이 지휘하는 동구비보가 규율이 엄중하고 나무랄 곳이 없다며 칭찬을 아끼지 않았다.

관권으로서 3년의 임기를 마친 이순신은 종8품의 한성 훈련원 봉사(奉事)로 승진한다. 군사들의 인사, 시험, 훈련, 교육 등에 관한 일을 수행하는 보직이다. 그러나 병조정랑(정5품) 서익(徐益)의 인사청탁을 거절한 일로 훈련원 부임 8개월 만에 충청도 병마절도사의 군관이 되어 해미(정해현과 여미현)로 좌천된다.

정5품 병조정랑의 뜻을 종8품 봉사가 반대한 이례적인 사건으로 그의 명성은 조금씩 높아졌고 얼마 뒤 파격에 가까운 승진을 한다. 그는 1580년 7월, 발포(전라남도 고흥) 수군만호(종4품)로 임명되었다. 육지에서의 군관생활만 하던 그가 처음으로 수군의 지휘관을 맡게 된 것이다.

원칙을 엄수하고 강직한 행동 탓에 이순신은 이후에도 상관들과 몇 차례 부딪침이 있었다. 그러다 변방의 군기물을 감찰하는 군기경차관이 파견되었는데, 다름 아닌 서익이었다. 과거 훈련원 시절에 이순신이 인사청탁을 거절한 일로 앙심을 품고 있던 서익은 거짓으로 감찰 결과를 보고했고, 이순신은 파직당하고 말았다.

1581년 5월, 이순신은 한성의 훈련원 봉사로 강등된다. 그는 불합리한 인사조처에도 자신의 임무를 충실히 수행했다. 같은 해 12월, 병조판서였던 이율곡(李珥, 율곡 이이)이 이순신을 알아보고 유성룡을 통해 만남을 청했다. 유성룡 역시 이순신의 입신을 위해 만남을 권했으나 이순신은 "나와 율곡은 같은 덕수이씨 문중이지만 그가 병조판서의 자리에 있을 때 만나는 것은 옳지 못한 일이다"라며 거절했다.

1년 2개월이 지날 즈음, 예전 상관이었던 이용이 함경도 병마절도사로 부임하면서 이순신을 군관으로 임명했다. 1583년 10월, 함경도 경원에서 남쪽으로 40리쯤 떨어진 변방 건원보(乾源堡, 함경북도 경원군)의 권관으로 부임한다. 여진족의 침입을 막고 우두머리를 생포하는 전공을 세워 부임 한 달 만에 훈련원 참군(종7품)으로 승진했다.

같은 달 15일, 아버지 이정이 충청남도 아산에서 세상을 떠났으나 당시 열악한 연락 체계로 그에게 부고가 전해진 때는 이듬해 1월이었다. 삼년상을 치른 이순신은 1585년 1월 사복시 주부(종6품)으로 복직했다.

유성룡의 천거로 16일 만에 조산보(造山堡, 함경북도 경흥) 만호로 특진해 다시 변방으로 나갔다가 1년 반 뒤 (1587년) 녹둔도(두만강 하구에 있는 섬) 둔전관에 임명된다.

이순신은 함경도 지역이 여진족 침탈 위험이 높은 지역임을 알고 있어 병력 증강을 요청했지만 받아들여지지 않았다. 그러다 여진족이 침입해 아군 11명이 전사하고 군사와 백성 160여 명이 납치되고 말 15필이 약탈되는 사건이 일어난다. 이순신은 경흥부사 이경록과 함께 여진족을 격퇴하고 백성 60명을 구출했다. 함경북도 병마절도사 이일(李鎰)은 이 사건을 패전으로 간주하고 이순신과 이경록을 모두 백의종군(조선시대에 중죄를 지은 무관에게 일체의 관직과 벼슬 없이 군대를 따라 참전케 하는 처벌)

에 처했다. 이순신 생애 첫 번째 백의종군이었다.

1588년 1월 이일이 2,500명의 군사를 이끌고 여진족을 급습하는 데 이순신도 참전해 전공을 세워 백의종군에서 벗어난다. 이후 일부 대신들의 반대를 받기도 했지만 순조롭게 승진하여 1591년 2월 진도군수(종4품)로 임명되었다가 전라좌도 수군절도사(정3품)로 부임한다. 그의 나이 46세였고 임진왜란을 14개월 앞둔 시점이었다.

조선의 위기,
임진왜란

15세기 말부터 100여 년간 일본에서는 각 지역을 다스리던 영주들이 패권을 차지하기 위해 서로 다투었다. 이 혼란스러운 시기를 전국 시대라고 한다. 1587년, 영주들을 차례로 굴복시킨 도요토미 히데요시(豊臣秀吉)가 일본을 통일했다.

일본을 통일한 도요토미 히데요시는 아시아 전체를 차지하려는 계획을 세운다. 먼저 조선에 수교를 요구하면서 자신들이 명나라를 정벌할 테니 일본군이 조선을 통과할 수 있도록 길을 열어달라고 했다. 하지만 명나라와 사대 관계(약한 나라가 강한 나라를 받들어 섬기는 관계)였던 조선은 이를 거절했다. 그러자 도요토미 히데요시는 약 20만 명의 군사를 일으켜 조선을 침략했다.

당시 조선에서는 양반 지배층 간에 권력 다툼이 일어

나 일본의 침략에 맞설 준비가 되어 있지 않았다. 일부에서는 일본의 침략을 걱정하며 이에 대비해야 한다는 의견도 나왔지만 대부분의 관리들은 이를 무시했다. 그러다 끝내 전쟁이 일어났다.

1592년 4월 13일에 부산에 상륙한 일본군은 엄청난 기세로 쳐들어와 불과 보름 만에 한양을 점령했다. 선조와 신하들은 궁궐을 버리고 나와 평양을 거쳐 의주까지 피난했다. 일본군은 기세를 몰아 5월 말에는 개성을 점령했고, 전쟁이 시작된 지 두 달 만인 6월 13일에는 평양성까지 함락시켰다.

육지에서는 대부분의 조선군이 일본군의 공격에 무너졌지만, 바다에서는 이순신이 이끄는 조선 수군이 일본군을 연달아 격파했다. 이순신의 활약으로 서해를 통해 수군을 북상시켜 육군과 합류하려는 일본의 계획이 물거품이 되었다. 또한 바다를 통해 식량과 무기를 공급하려던 계획도 차질을 빚었다. 그런가 하면 이순신의 승전보는 조선의 사기를 높여주어 전국 곳곳에서 의병이 일어나 일본군을 공격했다.

부산진순절도

난세영웅 이순신,
조선을 지키다

　전라 좌수영이었던 이순신은 임진왜란이 일어나자 곧
바로 해역으로 출전했고 잇따라 승리로 이끈다. 그는 공
을 인정받아 임진왜란 발발 1년 뒤 1593년 8월 삼도수군
통제사로 승진해 해군을 통솔하면서 공격과 방어, 집중
과 분산의 작전을 치밀하고 효과적으로 수행했다. 그리
고 임진년 5월 7일 옥포 해전부터 계유년(1598) 11월 18
일 노량 해전까지 20여 차례의 전투를 치렀고 모두 승리
했다. 그가 올린 승전보는 패색이 짙은 전황을 뒤바꾼 결
정적인 계기가 된다.

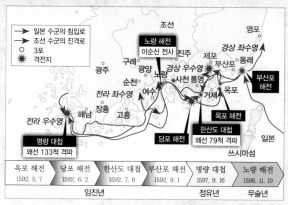

이순신 장군의 주요 해전

첫 승전보를 올리다,
옥포 해전

　전라 좌수영으로 부임한 이순신은 전함을 건조하고 군비를 확충하며 왜군의 침략에 대비하였다. 1592년 임진왜란이 일어나자 경상 우수사 원균(元均)의 요청을 받아 경상도 해역으로 출정했고 왜군과의 해전에서 잇따라 승리를 거두었다.

　6월 16일 옥포와 합포에서 왜선 30여 척을 격파한 옥포 해전에서 첫 승전보를 올렸다. 바로 다음 날 적진포에서 10여 척의 왜선을 격파했다(적진포 해전). 연이은 승리로 조선 수군은 왜군과의 해전에서 자신감을 가지게 되었으며 이순신은 종2품 가선대부로 승진한다.

　7월 8일에는 경상 우수사 원균과 합류해 사천에서 서해로 북상하려던 왜선 13척을 모두 격침한다(사천 해전). 이 전투에서 거북선이 처음으로 실전에 배치되었다. 7월

10일에는 당포에서 왜선 21척을 불태웠으며(당포 해전), 7월 13일에는 왜군이 도주해 진을 치고 있는 당항포를 공격해서 왜선 26척을 격침한다(제1차 당항포 해전). 이러한 잇따른 승리로 이순신은 정2품 자헌대부가 되었다.

이순신의 검

이순신의 장검 두 자루에는 그의 친필로 다음과 같은 문구가 새겨져
있다. 장검은 현재 현충사에 보관되어 있으며 문화재청 현충사관리
소 홈페이지의 충무공자료실 카테고리에 올라 있는 「2014년 충무
공 장검 특별전 도록」에서 상세한 사진을 볼 수 있다.

三尺誓天^{삼척서천} 山河動色^{산하동색}

一揮掃蕩^{일휘소탕} 血染山河^{혈염산하}

석 자 칼에 맹세하니 산과 강이 떨고

한 번 휘둘러 쓸어버리니 피가 강산을 물들이도다

문화재청 현충사관리소

학익진으로 진격하다, 한산도 대첩

    일본군은 해전에서의 패배를 만회하기 위해 병력을 증강했다. 조선 수군은 견내량(見乃梁)에 적장 와키자카 야스하루(脇坂安治) 등이 인솔한 대선 36척, 중선 24척, 소선 13척이 정박하고 있다는 첩보를 입수했고 한산도 근해에서 이를 확인했다.

    이전의 해전처럼 항구에 정박한 일본군 함대를 포위해 섬멸하는 형태로 전투를 치르기에는 견내량 주변이 협소하고 암초가 많은 데다 조류의 흐름도 역류여서 판옥선이 서로 부딪힐 가능성이 있었다.

    이순신은 한산도 근해에서 적들을 유인해 섬멸할 계획을 세웠다. 대여섯 척으로 구성된 소규모 함대를 미끼조로 투입하여 일본 수군 전체를 건겨내는 유인책을 펼쳤다.

식견이 있는 지휘관이라면 당연히 매복을 의심할 상황이었지만, 와키자카는 이미 휘하의 1,500명으로 조선군 5만을 격퇴한 적이 있어서 조선군을 과소평가했다. 와키자카는 이순신이 던진 미끼를 덥석 물었고 자신의 함대만을 이끌고 독단적으로 물러나는 조선 수군을 쫓아 한산도 연안의 다도해 내로 거침없이 진격했다. 퇴각하는 척하던 이순신의 함대는 해협을 지나 복병을 배치해둔 작전 수역에 진입했다.

와키자카의 함대가 들어서자 한산도 좌우의 섬에서 기다리던 전선은 3개 부대로 나뉘어 학익진을 형성, 일본 수군을 포위한 뒤 십자포화로 공격했다.

때마침 역방향으로 해류가 바뀌었고, 조선 수군은 이에 총통과 화전을 쏘며 전진했다. 전 방향에서 날아드는 탄망에 일본군은 제대로 된 반격 한 번 하지 못하고 40척이 넘는 군함을 잃었다.

심지어 지휘관인 와키자카 본인도 지휘선을 관통한 화살에 맞아 부상당했다. 이후 그는 속도가 빠른 다른 관선을 타고 김해로 빠져나가 목숨을 건진다.

와키자카의 잔존 부대는 400여 명은 한산도에 배를 내버려둔 채 인근의 무인도로 도망쳤으며, 대선 1척, 중선 7척, 소선 6척 등은 멀리서 해전을 관망하다가 일본군의

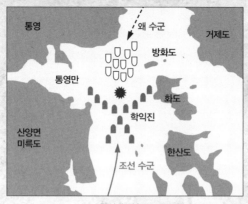

학익진 전술도

주요 부대가 모두 격침당하자 방향을 바꾸고 김해로 후
퇴했다

　그런데 조선 수군은 쾌속선으로 갈아탄 와키자카를
계속 집요하게 쫓았다. 그는 13일이나 미역과 솔잎을 뜯
어먹으며 먼 바다에 뜬 적의 동태를 보다가 남해의 거친
물길을 너덜대는 뗏목을 타고 5km를 건너 간신히 도주
에 성공한다. 이순신은 한산도 대첩의 공으로 정헌대부
(정2품)에 승계되었다.

　말도 안 되는 참패를 겪은 일본군은 이틀 뒤인 16일
안골포 해전에서 뒤따라 출격한 구키 요시타카의 함대

31

까지 각개격파를 당한다. 일본군은 결과적으로 고작 3일 만에 총 100척 이상에 달하는 대함대가 수장당하는 치명 타를 입는다.

해상 전투에 승산이 없다고 본 도요토미 히데요시는 해전 대신 해안선 방어를 하라는 뜻으로 '해전 금지령'을 선포한다. 사실상 남해의 제해권을 조선 수군이 완전히 되찾은 것이다.

거북선

거북선은 언제 누구에 의해 만들어졌을까? 기록에 의하면 태종 때 이미 거북선이라는 이름을 가진 배가 있었으나 실전에 활용되지 못하다 사라졌던 듯하다. 따라서 임진왜란 때의 거북선은 이순신과 그의 부하 군관들이 종래의 거북선을 개조하여 실용적으로 만든 것이라고 보아야 할 것이다.

거북선 모형

두 번째 백의종군과
시련

이순신은 1593년 8월, 부산과 웅천의 적 수군을 궤멸하여 남해안 일대의 적군을 완전히 소탕하고 한산도로 본영을 옮겼다. 같은 해 9월, 삼도수군통제사로 임명되고 이듬해 4월 23일 당항포에서 왜선 30여척을 격침한다(제2차 당항포 해전).

11월 11일에는 곽재우(郭再祐), 김덕령(金德齡) 등의 의병과 합세해 거제도 장문포에 주둔하던 왜군을 공격했다(장문포 해전).

명나라와 일본 사이에 화의가 시작되어 전쟁이 소강상태로 접어들자 호남지역으로 들어오는 피난민들을 돌보고, 전쟁의 장기화할 것에 대비해 둔전(屯田)을 일구고 병사들을 조련하였다.

당시 조선의 조정에서는 붕당으로 갈라져 대립하고

있었는데, 이순신의 전과를 놓고서도 논의가 분분했다. 특히 이순신과 원균의 갈등이 문제가 되었다. 조정은 원균을 충청도로 발령을 내지만, 조정 대신들은 대체로 원균의 편에 서서 여러 차례 이순신을 탄핵하였다.

이런 상황에서 명나라와 강화교섭을 하던 고니시 유키나가(小西行長) 휘하의 '요시라'라는 인물이 "가토 기요마사가 다시 조선을 침략하러 바다를 건너오니 수군을 보내 이것을 막으라."라는 계책을 조정에 전달했다. 이를 믿은 조정은 도원수 권율(權慄)을 통해 이순신에게 수군을 이끌고 출정하라는 명을 내렸다.

하지만 왜군의 계략에 빠져 큰 피해를 입을 것을 우려한 이순신은 출정하지 않았고, 결국 그 책임으로 파직되어 한양으로 압송된다.

1597년 4월 이순신은 한 달 가까이 투옥된 상태에서 혹독한 문초를 받았고, 5월 16일에야 풀려나 권율의 진영에서 백의종군하라는 명령을 받았다.

아들이 잡혀갔다는 소식을 듣고 한양으로 올라오던 이순신의 어머니는 병으로 배에서 세상을 떠나고 만다. 비보를 접한 이순신은 나흘 동안 말미를 얻어 어머니의 장례를 치른 뒤 다시 종군했다.

한편 소강 상태였던 전쟁은 1597년(정유년) 재개되었

다. 그해 7월, 원균이 칠천량에서 대패하면서 수군은 궤
멸되었다. 내륙에서도 일본군은 남원과 전주를 함락한
뒤 한양으로 진격하고 있었다. 전황이 급속히 악화되자
조정은 이순신을 다시 삼도수군통제사로 임명한다.

바다를 힘입어 승리하다, 명량 대첩

칠천량 해전은 1597년 정유재란 당시 원균이 이끌던 조선 수군이 일본군에게 대패한 전투다. 이 해전에서 이순신이 힘겹게 모아놓은 300여 척의 함대를 잃었다. 그나마 승산이 없다고 판단한 배설(裵楔)이 끌고 퇴각한 판옥선 12척과 김억추(金億秋)가 끌고 온 1척이 더해져 13척을 보전할 수 있었다.

조정은 모친상을 당한 이순신을 다시 삼도수군통제사로 임명했다. 이때 조정에서는 배도 없는데 수군을 없애고 육군으로 합치자는 의견까지 나왔고, 선조 또한 이순신을 육지 전투로 돌리려고 했다고 한다. 이러한 언급은 『선조실록』과 『난중일기』가 아닌 「행록」에만 등장하지만 이토록 전력이 기울어져 있으니 전략을 수정하는 것도 무리는 아니었다. 중신들은 당파를 불문하고 이미 수군에 대한 희망을 잃은 상태였다.

아무리 불리한 상황이라고 해도 제해권이 있어야 왜군의 진격을 저지할 수 있다는 것이 이순신의 생각이었다. 그는 조정의 동요를 이순신은 다음과 같은 장계를 올려 잠재운다.

"임진년부터 5·6년간 적이 감히 호서와 호남으로 직공하지 못한 것은 수군이 그 길을 누르고 있어서입니다. 지금 신에게는 아직도 12척의 전선(군함)이 있사오니 죽을힘을 벼어 맞아 싸우면 이길 수 있습니다. 지금 만약 수군을 모두 폐한다면 이는 적들이 다행으로 여기는 바로서, 말미암아 호서를 거쳐 한강에 다다를 것이니 소신이 두려워하는 바입니다. 비록 전선의 수가 적으나 미천한 신이 아직 죽지 아니하였으니 왜적들이 감히 우리를 업신여기지 못할 것입니다."

칠천량에서 조선 수군을 궤멸시킨 자신감으로 일본군은 9월 7일 어란진으로 들어와, 벽파진의 이순신과 대치하는 구도가 된다. 『난중일기』에 따르면 일본군 수뇌부는 이미 이순신에게 군함이 13척밖에 없다는 사실을 알고 있었다고 한다.

9월 15일, 전투가 임박했다고 본 이순신은 전투 준비를 서둘렀다. 오익창의 『사호집』에 의하면 이순신은 사대부들의 솜이불 백여 채를 걷어다가 물에 담가 적신 뒤 12척 배에 걸었는데 왜군의 조총 탄환은 이것을 뚫지 못했다고 한다.

또한 장기전을 예상해서인지 동아를 배에 가득 싣고 군사들이 목이 마를 때마다 먹였더니 갈증이 해소되었다는 이야기도 있다. 이렇게 조선 수군은 오랫동안 상대의 화력을 견디며 싸울 준비를 했다.

한편 적은 수의 함선으로 울돌목을 등지고 싸울 수는 없다고 판단한 이순신은 진영을 울돌목 너머 해남의 전라 우수영으로 옮긴 뒤 장수들을 불러 모아 다음과 같이 다짐했다.

"병법에 이르기를 죽고자 하면 살고, 살고자 하면 죽는다고 했으며, 또한 한 사람이 길목을 지키면 천 명도 두렵게 할 수 있다고 했는데 이는 오늘의 우리를 두고 이른 말이다. 그대들 뭇 장수들은 살려는 마음을 가지지 말라. 조금이라도 군령을 어긴다면 즉각 군법으로 다스리리라!"

1597년 9월 16일, 이순신이 이끄는 조선 수군은 판옥선 13척과 초탐선(정탐선) 32척을 이끌고 명량에 출격한다. 최소 330척에 이르던 일본 수군과는 비교가 안 될 정도로 적은 수였다. 누가 보더라도 당시의 조선 수군이 절대적으로 불리한 상황이었다.

그러나 이순신이 탄 좌선은 일단 앞으로 전진하며 접근해 오는 왜선들을 족족 격퇴했다. 현대의 연구로 당시 조류를 계산한 바에 의하면 전투 개시 후 물살이 아군에게 불리한 오전 내내 좌선 1척이 역류를 받아가며 전투에 임했음이 밝혀졌다.

『난중일기』의 기록에 따르면 좌선 1척을 제외한 12척이 멀찍이 주저하고 있었다. 이순신이 초요기를 올려 아군에게 싸우러 오라고 신호를 보내기 전까지 이순신의 좌선은 홀로 울돌목의 거센 역류를 다 받아내면서 왜군 선단과 싸워 물길을 틀어막았다.

밀물이 차츰 잦아들기 시작하자 해전은 새로운 국면을 맞이한다. 물살이 반대로 바뀌며 전황이 조선 수군 측에 크게 유리해졌고, 일본 배들이 역류를 맞으며 배들끼리 엉키고 부딪치며 침몰하기 시작했다. 일본 함대는 이미 목을 가득 채운 상태라 뒤로 돌려서 빠져나가기도 힘든 상태였다.

결국 승기를 잡은 조선 수군이 승전보를 울린다. 이 승리로 조선 수군은 제해권을 다시 장악했으며, 왜군의 수륙병진작전(水陸竝進作戰)을 무산시켜 정유재란의 전세를 뒤집을 수 있었다.

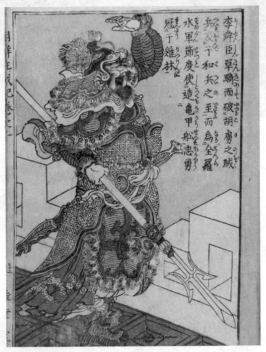

『에혼 조선정벌기』 속 이순신 삽화

19세기 중반 임진왜란을 소재로 일본에서 출간된
『에혼 조선정벌기(繪本朝鮮征伐記)』 속 이순신 장군의 삽화.
수군절도사 이순신이 거북선을 만들었으며 용맹했다는 설명이 달렸다.

유명 어록

必死則生^{필사즉생} 必生則死^{필생즉사}

"죽고자 하면 살 것이고, 살고자 하면 죽을 것이다."

→ 명량 대첩을 하루 앞두고 장수를 불러 모아 한 말.

今臣戰船^{금신전선} 尙有十二^{상유십이}

微臣不死則^{미신불사즉} 不敢侮我矣^{불감모아의}

"신에게는 아직 12척의 배가 있사옵니다.

미천한 신이 아직 죽지 않았으니

왜적이 감히 업수이 여기지 못할 것입니다."

→ 육군에 합류하라는 선조의 명을 받은 이순신이 올린 장계 중.

장군의 마지막 승전보,
노량 해전

　도요토미 히데요시가 사망한 뒤 일본군은 철수를 결정했다. 철수하는 적의 주력과 조선 수군이 노량 앞바다에서 충돌했고 이순신은 마지막까지 적과 싸우다 전사했다.

　그의 죽음은 전투가 끝난 뒤에야 알려졌고 통곡이 바다를 덮었다고 전해진다. 이순신의 유해가 실린 운구가 아산까지 올라가는 길에는 백성들이 너도 나도 운구를 붙들고 "공이 우리를 살렸는데, 우릴 버리고 어디를 가시오." 하고 통곡하여 애를 먹었다고 한다.

　이순신이 전사했다는 소식이 조정에 전해지자 선조는 관원을 보내 조상하고 우의정에 추증하였다. 1604년 선무(宣武) 1등 공신(功臣)에 녹훈되고, 덕풍부원군(德豊府院君)에 추봉되었으며, 좌의정에 추증되었다.

유명 어록

此讎若除^{차수약제} 死即無憾^{사즉무감}

"이 원수를 갚을 수 있다면 죽어도 여한이 없겠나이다."

今日固決死^{금일고결사} 願天必殲此賊^{원천필섬차적}

"오늘 진실로 죽음을 각오하오니, 하늘에 바라옵건대

반드시 이 적을 섬멸하게 하여주소서."

→ 노량 해전을 앞두고 한 맹세.

戰方急^{전방급} 愼勿言我死^{신물언아사}

"싸움이 급하다. 부디 내 죽음을 말하지 말라."

→ 노량 해전에서 전사하며 남긴 유언

유명 어록

此讎若除(차수약제) 死即無憾(사즉무감)

"이 원수를 갚을 수 있다면 죽어도 여한이 없겠나이다."

今日固決死(금일고결사) 願天必殲此賊(원천필섬차적)

"오늘 진실로 죽음을 각오하오니, 하늘에 바라옵건대

반드시 이 적을 섬멸하게 하여주소서."

→ 노량 해전을 앞두고 한 맹세.

戰方急(전방급) 愼勿言我死(신물언아사)

"싸움이 급하다. 부디 내 죽음을 말하지 말라."

→ 노량 해전에서 전사하며 남긴 유언

충무공
이순신을 기리다

임진왜란이 일어나고 200년이 지난 1792년, 정조 대왕은 신하에게 "올해로 임진왜란이 일어난 지 200년이 되는 해요. 당시에 이순신 장군이 아니었다면 우리 조선은 운명을 달리했을지 모르오. 충무공의 업적을 기리고자 하니 그분을 영의정으로 추증(사후 관직의 등급을 올리는 것)하시오."라고 명했다.

이순신은 나라를 구한 영웅으로 숭배되어 통영 충렬사, 여수 충민사, 아산 현충사 등에 배향(공신의 신주를 종묘에 모시는 일)되었으며, 묘는 충청남도 아산에 있다.

상충정무지비명(尙忠旌武之碑銘)

1794년 정조(正祖) 대왕이 이순신(李舜臣)의 공적을 기리기 위해
손수 지은 비문을 탁본한 것이다.

이순신 동상(남망산 조각공원 소재)

少年記

소 년 기

소년기 少年記

초판 1쇄 인쇄 2017년 12월 29일
초판 1쇄 발행 2018년 1월 5일

지은이 안채윤
책임편집 조혜정
디자인 그별
펴낸이 남기성

펴낸곳 자화상(프로젝트A)
인쇄,제작 데이타링크
출판사등록 신고번호 제 2017-000028호
주소 서울특별시 마포구 잔다리로3안길 29, 지층 1호
대표전화 (070) 7555—9653
이메일 sung0278@naver.com

ISBN 979-11-88345-33-5 02800

ⓒ안채윤, 2017

파본은 구입하신 서점에서 교환해 드립니다.
이 책은 저작권법에 의하여 보호를 받는 저작물이므로 무단 전재와 복제를 금합니다.

이 도서의 국립중앙도서관 출판예정도서목록(CIP)은 서지정보유통지원시스템 홈페이지
(http://seoji.nl.go.kr)와 국가자료공동목록시스템(http://www.nl.go.kr/kolisnet)에
서 이용하실 수 있습니다.(CIP제어번호: CIP2017035357)

少年記

소년기

안채윤 장편소설

자화상